AUTO PUBBLICAZIONE
DEL TUO BUSINESS

Guida al Self publishing e alle tecniche
di marketing online 2020

LORENZO DE VITO

SELF-PUBLISHIG

Un business si occupa della creazione di un prodotto che permette di sopravvivere oltre lo scambio tempo-denaro. Il nuovo business del ventunesimo secolo, accessibile a tutti. Guida e manuale d'uso improntato nel Self-publishing.

Il Self-publishing è la pubblicazione di un libro da parte dell'autore in diversi formati (Kindle, Cartaceo e audiolibro), senza passare attraverso l'intermediazione di un editore. Si tratta appunto della possibilità di auto-pubblicare i propri scritti. In questo manuale la pubblicazione è basata sulle piattaforme di Amazon e Audible (Tool di Amazon). Il manuale in questione ha lo scopo di guidare il singolo lettore a pubblicare libri. Infatti, il lettore di questa guida acquisirà le competenze e le risorse necessarie per affidare scrittura, narrazione e creazione della copertina a terze parti, esperti che lo potranno aiutare nel raggiungimento dei suoi traguardi. Questo business si basa sulla pubblicazione quindi di un prodotto (su Amazon) che possa rispondere ad una reale richiesta di mercato.

CONTENTS

— CAPITOLO 1 —

I PUNTI DI FORZA

Attualmente il Self-publishing è un settore in estrema crescita. Questo perché presenta diversi punti di forza che permettono anche a principianti (persone non esperte in marketing) di creare il proprio business:

1) <u>Non è necessaria l'apertura di una Partita Iva</u> in quanto le tasse si pagano come persona singola; i redditi che provengono da Amazon non sono vendite, bensì royalty che vengono percepite in base a quante copie di un libro vengono realizzate. I testi in questione sono opere artistiche e di ingegno, e non si configurano ovviamente come attività di impresa o di lavoro autonomo. Infatti, chi si occupa della vendita e della logistica è Amazon. Di conseguenza, nella dichiarazione dei redditi, sarà possibile comunicare il guadagno in royalties per il Kindle Publishing (self-Publishing) nel corso di tutto l'anno, e pagare le tasse su questa cifra: si tratta del 20%

sul totale; è consigliabile comunque contattare un commercialista per la gestione della pratica. Questo, però, è un discorso di secondaria importanza in quanto arrivare al tal punto significherebbe riscontrare un forte compenso economico dai vostri libri (di conseguenza, sarà per voi una gioia chiedere consiglio al soggetto in questione).

2) <u>Non necessitiamo di grossi capitali</u>: Infatti come scopriremo in seguito, è possibile anche creare un libro gratuitamente, non c'è un costo fisso o indicativo. Ovviamente un maggiore investimento potrebbe significare maggiore qualità, ma non in tutti i casi. Come vedrete ci sono alcune piattaforme apposite che vi permetteranno di:

- Affidare la scrittura del manuale ad esperti (Ghostwritwer) ad un determinato prezzo da stabilire (mediante contrattazione vostra con l'esperto);

- Affidare la narrazione del manuale ad esperti (narratori) ad un determinato prezzo da stabilire (anche in questo caso, mediante contrattazione vostra con l'esperto);

- Affidare la creazione della copertina del manuale ad esperti (Graphic designer) ad un determinato prezzo da stabilire (contrattazione vostra con l'esperto).

Se il lettore dispone di proprie abilità o di conoscenti esperti anche solo in uno di questi tre campi non riscontrerà spese aggiuntive per la singola creazione. Potete quindi convenire con il mio discorso precedente: non si può definire un prezzo standard per la realizzazione di un manuale in quanto esso è a discrezione del contratto tra esperto e Self-Publisher; se il Self-Publisher possiede abilità di scrittura, di narrazione e di grafica del web riesce a creare e pubblicare il proprio libro gratuitamente.

3) <u>Non riscontriamo costi di servizio:</u> Amazon non ha costi fissi per l'utilizzo della piattaforma, il Publisher non si trova a dover pagare un abbonamento settimanale, mensile o annuale come in altre piattaforme. Oltre alla spesa iniziale - dovuta alla creazione del manuale - questo business non comporta altre spese, e i guadagni sono basati sulle vendite. Nel nostro caso specifico, gli introiti fanno affidamento sul numero di acquisti che tendenzialmente possono essere infiniti, in quanto il nostro

libro sarà disponibile all'ordine per sempre, dal momento della pubblicazione.

4) <u>Sfruttiamo la forza-lavoro di Amazon:</u> Amazon si occupa della logistica, della distribuzione e del marketing; infatti, quando il nostro libro formato cartaceo riceve un ordine, sarà Amazon a stampare e spedire il libro al cliente. Il nostro compito è solo quello di caricare il file del manuale. Amazon si occupa anche del marketing da creare intorno al prodotto permettendoci di utilizzare la sua piattaforma come una vetrina per i clienti che ricercano determinati argomenti tra i quali potrebbe esserci anche il topic trattato nel nostro testo. In questo manuale capiremo anche come sfruttare al meglio i titoli più ricercati su Amazon per un determinato argomento (Keywords), per far sì che tra i risultati di quel dato argomento Amazon inserisca anche il nostro libro. Informo il lettore che Amazon guadagna annualmente circa cinque miliardi di dollari dalla vendita dei libri secondo un articolo del magazine Forbes. Non male, vero?

— CAPITOLO 2 —

PASSO DOPO PASSO

In questo capitolo verranno evidenziati i passaggi importanti da compiere per iniziare a ideare un determinato argomento sul quale si baserà il nostro libro.

- Il primo passaggio da compiere tratta appunto l'"<u>analisi della domanda</u>" ovvero il posizionare il prodotto avanti a potenziali clienti interessati ad un argomento specifico. Ci impegniamo quindi a capire cosa realmente richiedono maggiormente i nostri potenziali interlocutori commerciali. Questa parte del processo verrà svolta su Amazon.com.

- Una vola analizzata la domanda ci si concentra sul' "<u>analisi della competizione</u>". Possiamo analizzare:

1) Quali sono i testi più venduti e quali argomenti trattano.

2) Se esistono prodotti che trattano topic uguali o simili: definire concretamente quanti sono i competitor per ogni argomento che abbiamo deciso di prendere in considerazione.

- Lo scopo finale di queste analisi è di trovare quindi una "keyword (parola chiave)" che abbia successo attraverso una giusta competizione. Sono sin da subito da scartare le keywords che presentano tanta concorrenza nel mercato poiché il cliente - nella sua ricerca - potrà visualizzare tante alternative che trattano la stessa tematica. Inevitabilmente, la probabilità che egli scelga il tuo libro cala drasticamente. È importante quindi analizzare quanti più argomenti possibili in modo tale da concentrarsi su un topic che possa permetterti di creare un libro che salti immediatamente all'occhio del cliente e che quindi non abbia troppa competizione.

- Una volta trovata la tua keyword ideale (ad esempio "programmazione" o "autopubblicazione online") sul quale argomentare, si deve svolgere un'ultima "analisi di mercato" e capire quali sono i prezzi di vendita degli articoli simili al tuo. In questa fase è importante iniziare a calcolare una media del prezzo di questi articoli, in modo tale da immettere nel mercato il tuo libro ad un giusto prezzo.

- Trovata la Keyword e analizzato il mercato ci si deve concentrare sulla "creazione del prodotto". Come anticipato non dovrò obbligatoriamente scrivere personalmente il libro, creare una cover o narrarlo (in caso di audio-book) ma sarà tutto affidato a terzi esperti (outsourcing) ovvero nello specifico:

1) Il libro ad un Ghostwriter;

2) La cover ad un Graphic-designer;

3) La narrazione ad un narratore (in caso di audio-book)

- Infine, una volta creato il prodotto, è necessario concentrarsi sul "lancio del prodotto" che si basa sulla creazione di un Titolo (e sottotitolo) che permetta all'algoritmo di Amazon di far risultare il testo tra le prime ricerche di una determinata keyword (in modo tale che quando un utente, ad esempio, ricerca su Amazon la parola "programmazione", il nostro libro sulla programmazione risulta tra i primi articoli). Affinché il nostro prodotto risulti tra le "prime ricerche" bisogna aumentarne la visibilità. Per aumentare la visibilità di un articolo appena pubblicato, ci si deve concentrare nel raccogliere recensioni necessarie così che il libro possa vendere. Su Amazon, per riuscire nell'intento, ci vengono in aiuto i "Virtual Assistent" (ovvero terzi che propongono il libro in questione ad altri recensori che rilasciano una recensione, con una spesa a carico del publisher). Discorso diverso per gli audiolibri: infatti, Audible fornisce alcuni "Promo Codes" (ovvero dei codici che ci permettono di scaricare il nostro libro in maniera gratuita) che dovranno poi essere scambiati per delle recensioni.

• Una volta pubblicato il libro - e raccolto le recensioni - il lavoro è terminato: il publisher in questione si è creato una potenziale rendita per i prossimi giorni, mesi e anni. Ho deciso di trattare questo argomento dal momento che, a parer mio, è uno dei pochi business concreti attuabili da tutti; il Self-Publishing è in grado di portare (se attuato bene, ovvero con le giuste analisi) a royalties concrete! In seguito, andremo ad approfondire in maniera più dettagliata i passi concreti da compiere per poter entrare nel mercato in questione, senza riscontrare alcuna difficoltà.

— CAPITOLO 3 —

ANALISI DELLA DOMANDA, RICERCA DELLE KEYWORDS

Alla base del business del Self-Publishing c'è l'analisi della domanda, ovvero la ricerca delle keywords più profittevoli. Con questo processo andiamo concretamente ad analizzare i titoli dei libri più venduti cercando di trovare la keyword con la maggiore domanda e la minore offerta. Questo meccanismo è essenziale in quanto un'analisi lunga e dettagliata permette al publisher di andare sul sicuro; egli potrà entrare sul mercato con un articolo che abbia più richieste che offerte. Per svolgere al meglio un'analisi dettagliata è importante saper distinguere sin da subito la "Nicchia" dalla "Keywords".

"Nicchia": Categoria di Keywords correlate tra loro. (Macrocategorie che presentano diversi titoli di un argomento generale.

"Keywords": Rappresenta il titolo del mio libro ovvero la parola con la quale il testo verrà trovato tra i risultati di ricerca.

Le "nicchie" su Amazon sono tutte le macrocategorie che troviamo selezionando "Kindle eBooks" su Amazon. (Un esempio di nicchia è il macro-argomento "Computer and Technology". Ogni Nicchia contiene migliaia di titoli dai quali prendere spunto per le nostre Keywords. Selezionando una nicchia andiamo a restringere il campo di analisi scoprendo la "sotto-nicchia": un argomento (più approfondito) della nicchia, ovvero dell'argomento generale. Selezionando una sotto-nicchia troviamo le Keywords, e quindi i diversi titoli dei libri pubblicati. È chiaro che non posso intitolare il mio libro con il titolo di una nicchia in quanto ci sono migliaia di risultati e il nostro articolo resterebbe solo uno tra i tanti. Andiamo quindi ad analizzare titoli interessanti solo tra le sotto-nicchie e i titoli stessi. Per l'analisi delle Keywords entra in gioco "Amazon Best Sellers" ovvero una piattaforma che ci permette di ricercare le "top" Keywords in base ad una nicchia specifica. Una volta aperta la piattaforma basterà selezionare "Kindle Store" e quindi tra i risultati selezionare "Kindle eBooks". Una volta selezionata la nicchia di preferenza basterà evidenziare una serie di titoli tra i vari libri più venduti di quella nicchia (consigliabile almeno 20 titoli). L'analisi della domanda è quindi riassunta nella raccolta di quanti più titoli possibili di una data nicchia tra quelli più richiesti. Ad esempio, questo manuale si troverà nella nicchia "Business and Money" ed un esempio di Keywords è il titolo del manuale stesso. Il titolo di questo manuale è stato da me ricercato dopo un'analisi di circa cento Keywords. Ci sono diversi metodi di ricerca Keywords ma questo è senza dubbio il più sicuro ed intelligente. Una buona analisi della domanda può portare al publisher la scelta di un buon titolo, e quindi di una rendita costante nel tempo. Questa fase è sicuramente la più lunga ma è anche la più delicata poiché in base al titolo - e quindi alla scelta della Keywords - un cliente interessato al tuo argomento può trovare con facilità (o meno) il tuo ebook tra le sue ricerche. La stessa importanza deve condizionare la scelta della nicchia di partenza che ci permetterà poi di ricercare i titoli di quel macro-argomento, specialmente se il publisher decide di scrivere personalmente il libro. (In questo caso la scelta della nicchia deve essere obbligatoriamente accurata in quanto il publisher deve ricercare titoli su argomenti di propria conoscenza altrimenti rischia di creare un prodotto non valido e di perdere solo molto tempo). Una volta raccolto un numero cospicuo di Keywords si passa alla seconda fase dell'analisi, in cui si è necessario osservare se c'è reale richiesta di una certa Keywords. Questa seconda analisi verrà svolta su "Amazon.com" in quanto questa piattaforma offre la possibilità di visualizzare "ABSR" ovvero "Amazon Best Seller Rank"; esso può essere descritto come un punteggio che viene assegnato a ciascun prodotto, sulla base dell'andamento storico delle vendite e del suo volume totale, in relazione ad altri prodotti che appartengono alla stessa categoria. Per il calcolo del "BSR" di Amazon valgono le seguenti considerazioni:

1) Il "BSR" viene aggiornato ora per ora in merito a ogni prodotto;

2) Il "BSR" è migliore quando è più basso;

3) Naturalmente, non può accadere che due prodotti abbiano lo stesso "BSR" per la stessa categoria;

4) Le vendite (in termini di ordini) delle ultime ore contano di più rispetto a quelle più indietro nel tempo. In particolare, quelle dell'ultima ora influiscono maggiormente;

5) L'andamento storico delle vendite in passato ha comunque rilevanza nello stabilire il "BSR";

6) Il volume totale delle vendite, effettuate da quando il prodotto è stato inserito nel marketplace, contribuisce anch'esso al calcolo del "BSR".

L' "Amazon BSR" si trova all'interno della scheda prodotto (in fondo). Per vedere se per una data Keyword c'è domanda, basta digitare la parola chiave in questione su Amazon.com e analizzare l "ABSR" dei primi sette libri che appaiono tra le risposte alla ricerca. È importante che l'"ABSR" di tali risultati sia sempre inferiore a 90.000. Infatti, come riportato nel punto 2, un "BSR" più basso sta a significare un numero maggiore di vendite. Esiste un Tool di Amazon che si chiama "DS Amazon Quick View", il quale si può aggiungere gratuitamente a Chrome, che permette di visualizzare gli "ABSR" fuori dalla scheda prodotto, velocizzando il processo di analisi.

Quest'ultimo ci permette di non aprire l'articolo, ma di avere sempre a portata di mano i dati di cui abbiamo bisogno. Inoltre, c'è un sito "Kindle Best Seller Calculator" che permette di tenere traccia della vendita giornaliera di un determinato ebook incollando l'"ABSR" del libro in questione.

— CAPITOLO 4 —

ANALISI DELLA KEYWORDS, AUDIBLE.COM

Per l'analisi della domanda abbiamo utilizzato quindi la piattaforma "Amazon.com" mentre - per vedere se effettivamente un titolo andrà a vendere – impieghiamo la piattaforma "Audible.com". (Audible è una piattaforma dedicata ai cosiddetti "audio book", ovvero dei veri e propri testi di ogni genere e su qualsiasi tematica, ascoltabili tramite la voce di abili lettori, fra i quali spesso e volentieri si celano volti noti della cultura e del mondo dello spettacolo). Una Keywords è definitivamente profittevole se una volta portata su "Audible.com" non riporta più di 300 risultati, poiché con questi numeri sappiamo che la concorrenza è medio/bassa e quindi sarà molto più facile riuscire a vendere. Una keyword può avere molti riscontri su Amazon.com, mentre ne può avere davvero pochi su Audible.com; per questo è sempre necessario riuscire ad analizzare il titolo su quest'ultima piattaforma. Un audiobook, o audio-libro, è semplicemente un libro convertito in formato audio. In pratica, devi collaborare con un narratore professionista che sia in grado di leggere il tuo testo registrandosi con un microfono di alta qualità, per poi rendere disponibile questi file audio agli ascoltatori. Così come i libri in self-Publishing si vendono su Amazon, gli audio-book si vendono su Audible. Audible è la piattaforma leader nel settore degli audiolibri, ed è di proprietà di Amazon. Il vero punto di forza di Audible, dal punto di vista del publisher, è la competizione. Infatti, la maggior parte dei publisher pubblica su Amazon in formato cartaceo o ebook. I risultati di ricerca per una determinata keyword sono di gran lunga inferiori su Audible rispetto ad Amazon, spesso con un rapporto del 5% o al massimo del 10%. Da ricordare sempre l'importanza delle recensioni: la nostra concorrenza non deve avere un numero troppo alto di reviews (meno di 1000), poiché in caso contrario difficilmente riusciremo a superarli in termini di posizionamento sulla pagina; indirettamente sarà più diffici-le vendere. Quando parliamo di recensioni su "Audible" entra-no in gioco i "Promo Codes", ovvero dei codici gratuiti da scambiare in cambio di recensioni. Per la pubblicazione di un audio-book basta caricare il file audio su Audible. Nel prossimo capitolo vedremo come creare il file audio da zero. Su Audible è molto importante, la durata del file audio (solitamente quanto più dura, tanto più viene acquistato. Ricorda sempre che il fattore tempo è spesso sinonimo di qualità e quindi un cliente - che trova più audio-book che trattano lo stesso argomento in lunghezze e tematiche differenti - tenderà ad acquistare il file che dura di più).

CAPITOLO 5

CREAZIONE PRODOTTO, MANOSCRITTO

Una volta trovata la nostra keyword, ovvero il nostro argomento principale, siamo al 90% dell'opera. Arrivati a questo punto non ci resta che cercare concretamente un esperto che possa scrivere il nostro testo, l'esperto in questione in gergo tecnico si chiama "Ghostwriter". Il termine "Ghostwriter" significa letteralmente *scrittore fantasma*, ovvero uno scrittore che si occupa di scrivere racconti, lettere, discorsi e manoscritti che gli vengono commissionati da terzi, in questo caso dal publisher. Egli risulterà a tutti gli effetti proprietario unico del lavoro finito. La parola "fantasma" si riferisce infatti all'invisibilità dell'autore del libro, che cede tutti i diritti al committente dell'opera, rimanendo ignoto. Le ragioni per cui assumere un esperto di ghostwriting sono molteplici. Le principali, però, sono quattro:

1) Per mancanza di tempo: Capita spesso che il committente della realizzazione di un libro sia una persona particolarmente impegnata, la quale non ha possibilità di redigere il libro da sé per mancanza di tempo.

2) Per realizzare una propria idea: Ci sono poi persone che hanno splendide idee, ma sono prive delle competenze necessarie per scrivere un libro. Avvalendosi di un "Ghostwriter", possono aspirare alla realizzazione della propria idea.

3) Perché non hai idee: A volte capita anche questo. Un periodo di blocco – il classico fermo dello scrittore – in cui un autore non riesce ad avere buone intuizioni per scrivere un libro. Ci sono alcuni "Ghostwriter" che si rendono disponibili anche alla sola fase di ideazione.

4) Perché hai troppe idee: Caso opposto, quando un committente ha talmente tante idee da sviluppare al punto di avere la necessità di avvalersi del servizio di un secondo scrittore per poterle attuare e redigere tutte.

Ci sono due soluzioni per ricercare il nostro scrittore:

1) Piattaforme di Ghostwriting, ovvero le compagnie di scrittura: Hanno un costo elevato; ad esempio, per un libro di 30.000 parole i costi vanno da 600 in su. Inoltre,

i tempi di attesa possono essere molto lunghi e le piattaforme possono avere dei problemi interni. Queste compagnie di auto-pubblicazione hanno costi più elevati
poiché tra i Ghostwriters c'è poca concorrenza in quanto l'ordine del publisher arriva direttamente alla compagnia che a sua volta impiega uno dei suoi Ghostwriter. Il risultato? Quest'ultima non ha bisogno di abbas-
sare i prezzi per ricercare il cliente. Queste piattaforme
permettono di scegliere tra categorie di scrittori stabilite
in base alle recensioni e alla bravura. Ovviamente, un
Ghostwriter della categoria top avrà un costo di gran
lunga maggiore di uno scrittore medio. Qui i preventivi
vengono stabiliti direttamente dalla compagnia e non è
quindi possibile contrattare direttamente con la persona
fisica (i costi sono prestabiliti in base alla scelta del
cliente, in questo caso il cliente è il publisher).

2) Piattaforme per Freelancer: Hanno un costo molto ri-
dotto in quanto non è necessario acquistare da nessuna
piattaforma già prestabilita. In secondo luogo, sui siti in
questione non ci sono compagnie che delegano i lavori
bensì è proprio il publisher che sceglie e contratta con
un Ghostwriter che tende a richiedere un prezzo modi-
co per chiudere quanto prima la contrattazione ed iniziare il lavoro di scrittura. Anche i tempi sono molto più
stretti e la qualità dei manoscritti è esattamente la stessa.

Spesso e volentieri, i Ghostwriter che lavorano su piattaforme specifiche a pagamento (le compagnie di scrittura) lavorano anche come Freelancer. Una delle piattaforme Freelancer che consiglio di usare si chiama "Fiverr". "Fiverr" è un sito internet all'interno del quale è possibile acquistare e vendere prestazioni e/o servizi a partire da 5 dollari. Coloro che acquistano possono ottenere quello che cercano in modo veloce ed economico, non esistono grandi rischi e con il tempo è facile trovare dei professionisti con i quali sviluppare dei rapporti continui e proficui. Ricercare un Ghostwriter su Fiverr è molto semplice, infatti basta scrivere sulla barra delle ricerche della piattaforma "Ebook writer". In aggiunta a quanto detto, sarebbe bene inserire alcuni filtri (come ad esempio il budget massimo), che permettono di velocizzare la nostra ricerca. È essenziale che il nostro Ghostwriter abbia inserito nella sua offerta le "Unlimited Revision" ovvero delle revisioni che possiamo richiedere al soggetto in questione nel momento in cui il lavoro consegnato deve essere modificato; in più, è molto importante che egli sia disposto a rilasciare i pieni diritti di pubblicazione. Molto spesso la tematica che il publisher richiede al Ghostwriter è poco conosciuta dal soggetto in questione, sarà quindi interesse del Ghostwriter quello di andare ad informarsi su un certo argomento per poi scriverci un libro. Un' altra piattaforma molto simile a Fiverr si chiama "Upwork". Niente meno che la Freelance Platform più utilizzata al mondo. Si tratta di un sito che permette di accedere ad uno spazio con lavoratori di più di 70 categorie e sottocategorie. Funziona come un marketplace del lavoro in cui aziende o società pubblicano delle offerte alle quali i freelancer (in questo caso i Ghostwriters) possono rispondere. È importante sapere che chiunque scelga di scrivere autonomamente il proprio libro può usufruire di queste piattaforme per ricercare anche la figura professionale del "correttore di bozze" – il pilastro dell'editoria - ovvero un esperto che strutturi il manoscritto e sia capace di eliminare gli errori grammaticali e lessicali.

— CAPITOLO 6 —

CREAZIONE DEL PRODOTTO, LA COPERTINA

Una volta in possesso del file completo da caricare su Amazon, non ci resta che cercare concretamente un esperto che possa creare la nostra copertina; avremo bisogno di un Graphic Designer. Quest'ultimo è un soggetto in grado di unire capacità artistiche e tecnologiche al fine di comunicare idee attraverso le immagini: decide anche come unire testo e immagine nello spazio prescelto (una copertina, nel nostro caso). Il Graphic Designer lavora in stretta collaborazione con gli autori che selezionano le parole e decidono se devono essere inserite in paragrafi, elenchi o tabelle. Nell'era digitale questa figura sta diventando sempre più importante per le vendite e per il marketing dei prodotti. È importantissimo optare con selettività su questa figura, poiché essa deve assicurarsi che il suo lavoro rifletta accuratamente il messaggio desiderato ed esprima le informazioni in maniera efficace e diretta. Fiverr, anche questa volta, è una delle piattaforme più indicate per ricercare un Graphic Designer. Tieni a mente che non si deve commissionare una copertina per ogni formato che vogliamo pubblicare (Kindle, Cartaceo e audio-book). Il costo, infatti, si aggira intorno ai 10 dollari a formato. Basterà ricercare "Ebook Cover" sulla barra di ricerca di Fiverr per trovare migliaia di risultati. La copertina di un libro è la prima presentazione del prodotto commerciale che un lettore vede, e quindi deve essere considerata uno strumento importantissimo. Se è vero che un libro non dovrebbe mai essere giudicato solo dalla copertina, è anche vero però che nel mercato attuale, in cui si affacciano quotidianamente nuove proposte, il colpo d'occhio iniziale può fare la differenza tra attrarre un potenziale compratore - così da incuriosirlo - oppure lasciarlo indifferente. Prova a pensare a quante volte tu stesso sei entrato in libreria, hai girato gli scaffali e ti sei sentito attratto da un libro invece che da un altro, pur non avendone mai sentito parlare e pur non conoscendone l'autore, solo perché la copertina in qualche modo ti ha incuriosito. Bene, con il suo libro il publisher deve fare la stessa cosa, attirare l'attenzione del lettore anche se non ha mai sentito parlare delle competenze specifiche di quell'autore. Prova a metterti dalla parte del lettore, entra in Amazon e sfoglia il catalogo dei libri. Vedrai tante copertine in miniatura e tu stesso ti renderai conto che i tuoi occhi scorreranno sulle immagini solo per poche frazioni di secondo. Eppure, questo tempo infinitesimale è sufficiente affinché una copertina ti colpisca e un'altra no. Sarà per i colori, i caratteri, l'immagine di fondo - o per altro - ma sta di fatto che è così. Pensa anche che molti lettori navigano da supporti mobili (smartphone o tablet), in cui lo schermo è più piccolo di un desktop di un computer. Anche tra queste immagini molto piccole devi riuscire ad attrarre l'attenzione dei lettori affinché, tra le tante proposte, scelgano proprio la tua. È possibile che il publisher voglia dare delle direttive al proprio grafico, in questo caso è importante prendere spunto (e non copiare) dalle copertine di libri che trattano un argomento simile a quello scelto. Come faccio a capire se il Graphic Designer scelto ha svolto un buon lavoro? Quali sono dunque gli elementi di una copertina efficace? Ho selezionato per te alcuni consigli davvero imprescindibili, che ho maturato nel corso della mia esperienza a contatto con tali tematiche:

1) Semplice: Meglio utilizzare un'immagine unica che sia riconoscibile e identificabile, quindi automaticamente facile da memorizzare.

2) Leggibile: Il titolo deve essere leggibile, anche nell'anteprima in miniatura, e deve prevalere sull'immagine e sul nome dell'autore.

3) Precisa: Le copertine migliori sono quelle che contengono immagini semplici che evocano un'emozione e comunicano un messaggio preciso.

4) Coerente: La copertina non è un luogo dove fare sperimentazioni. Se per la tua copertina hai scelto un'immagine dai colori chiari, allora dovrai scegliere anche per il titolo e il nome dell'autore caratteri leggeri e morbidi; al contrario, se per la copertina hai scelto un'immagine ombrosa, scura e misteriosa, ecco che per le parti scritte dovrai adottare caratteri puliti e severi.

— CAPITOLO 7 —

CREAZIONE DEL PRODOTTO, IL NARRATORE

A questo punto abbiamo tutto il materiale di alto livello per pubblicare un libro in formato Kindle e cartaceo. È importante sapere che negli ultimi anni sono i contenuti audio, e in particolare gli audio libri, ad aver raggiunto il primato dell'editoria digitale. È quindi una scelta saggia e intelligente utilizzare il prodotto che hai a disposizione anche per la realizzazione di un libro in formato audio. La continua crescita e innovazione del mondo degli audio libri è stata definita da molti una vera e propria rivoluzione. Negli ultimi anni la fruizione di contenuti audio online si è enormemente diffusa ed è diventata una nuova tendenza. L'ascolto di contenuti online sembra funzionare perché si adatta molto bene allo stile di vita moderno; possiamo ascoltare ciò che vogliamo in qualsiasi momento e in qualsiasi luogo. Lo si può fare mentre si è impegnati a fare altro – magari tra una pausa di lavoro e l'altra - o lo si può ascoltare con attenzione, quando a sera vogliamo dedicarci ai nostri manuali/romanzi preferiti. Questo è possibile soprattutto perché il mezzo con cui accediamo a questi contenuti è molto spesso lo smartphone, quindi uno strumento quotidiano e adattabile a qualsiasi situazione. Il formato audio-book esiste da molti anni. Nasce come strumento di accessibilità ai libri per persone con disabilità visiva successivamente, per qualche tempo, è stato relegato a passatempo per lunghi viaggi in macchina. Oggi invece, grazie allo sviluppo tecnologico e alla creazione di servizi streaming per ascoltare storie, gli audiolibri sono usciti dalla nicchia di mercato che occupavano e rappresentano ormai una realtà concreta e a largo raggio di mercato. Esistono tre modi per far narrare i nostri libri:

1) Share royalties ovvero una narrazione gratuita che però comporta una divisione dei guadagni con il narratore, quindi tutti i guadagni che otterrà quel libro - per circa sette anni - devono essere divisi con il narratore.

2) Pay for production: paghiamo il narratore per ogni ora finita di lettura (circa 40 dollari ogni ora di narrazione).

3) DIY ovvero quando abbiamo già il file e lo carichiamo manualmente. (non consigliato, a meno che non abbiamo già pubblicato altri libri e vogliamo creare un Bundle ovvero un insieme di due o più libri inerenti ad una nicchia specifica).

Una volta chiariti i vari metodi contrattuali entra in gioco una piattaforma, denominata "Acx", che ci permette di trovare i narratori esperti. "Audiobook Creation Exchange" (Acx) è un mercato in cui narratori professionisti, autori ed editori possono connettersi per creare audio libri. Acx è di proprietà di Audible Inc, una società Amazon. Tutti i titoli prodotti tramite Acx sono disponibili per la vendita su Audible.com. Come già anticipato nel capitolo dell'analisi keywords (capitolo 4), i nostri audiolibri troveranno il loro mercato grazie alla piattaforma "Audible". Su Acx, il cliente (in questo caso il publisher) accede come produttore di un audiolibro o come qualcuno che possiede i diritti per creare un file di tal genere. Nel concreto Acx ci fornisce migliaia di esempi di voci narranti e noi, attraverso l'utilizzo dei filtri, possiamo ridurre il campo di ricerca. Un esempio di selezione aggiuntiva alla nostra research è la voce, femminile o maschile. Una volta trovato il timbro giusto di un determinato/a narratore/narratrice basta contattarlo/a per definire le tempistiche di creazione e i termini economici.

CAPITOLO 8

LA FORMATTAZIONE DEL FILE

Una volta terminata la creazione dei file è importante eseguire un passaggio, che precede la creazione della copertina, ovvero la formattazione del file. La formattazione di un file è il procedimento di strutturazione e decorazione grafica che rende un testo "puro" adeguato alla stampa cartacea. La strutturazione consiste nella suddivisione del testo in unità logiche, come "i capitoli" e "i paragrafi" o le "note" a pié di pagina. La decorazione assegna uno stile di presentazione agli elementi del testo, decidendo ad esempio il rientro dei paragrafi, la suddivisione in pagine e le caratteristiche dei caratteri (dimensione, apici e pendici ecc..). La figura adatta per compiere questo passaggio è il "formattatore", figura facilmente reperibile su "Fiverr". Le direttive che il publisher dovrà dare al formattatore sono:

1) Le misure della pagina: Il publisher prima di contattare un formattatore dovrà scegliere le misure ideali per il proprio libro. In caso di una guida, ad esempio, le misure ideali sono 5.5 pollici x 8.5 pollici. Può essere utile utilizzare la piattaforma "Amazon KDP" per scegliere le misure ideali.

2) Titolo e sottotitolo: Il publisher dovrà anche definire un titolo e un sottotitolo da inviare al formattatore per ricevere un lavoro poi un lavoro di formattazione completo.

3) Nome dell'autore: Il publisher dovrà scegliere se utilizzare il proprio nome o un nome di penna al quale è riconosciuta la scrittura del libro al fine di ricevere poi un lavoro di formattazione completo.

Seguendo passo per passo questa guida il publisher riuscirà a creare un buon prodotto, ad un prezzo relativamente basso, che potenzialmente potrebbe vendere all'infinito. Ed è proprio qui che rientra il concetto di business e royalties. La creazione di un prodotto del genere potrebbe garantirci entrate economiche che vanno al di fuori dello scambio tempo-denaro.

CAPITOLO 9

IL LANCIO DEL PRODOTTO

Una volta terminata la formattazione è importante lanciare il prodotto. Basta caricare il file formattato e la grafica della copertina su "Amazon KDP" ed inserire tutti i dettagli richiesti da Amazon. Una volta inseriti i dettagli è necessario stabilire un prezzo. Prima di stabilire il prezzo di mercato è necessario contattare il " virtual assistant " ovvero la persona che in cambio di una somma economica da stabilire porterà i suoi contatti ad acquistare il libro in formato kindle e farà rilasciare loro una recensione (ovviamente positiva). Le recensioni sono essenziali per la vendite del libro in quanto permettono a questo di posizionarsi tra i primi risultati di una specifica richiesta ovvero di una specifica keywords. Il prezzo del kindle deve essere minimo (ovvero 0.99 dollari) in modo tale da permettere al Virtual Assistant di far acquistare quel libro dai recensori. Una volta acquisite le recensioni necessarie (stabilire in base al numero di recensioni che possiede il libro che risulta primo nella pagina dei risultati della stessa keywords sulla quale si basa il nostro libro) possiamo modificare il prezzo del nostro kindle. Per introdurre un libro nel mercato ad un prezzo competitivo basterà calcolare una media tra i libri più venduti di quella data keywords. I guadagni per la versione kindle sono del 70% sul totale del prezzo:

- Se fissiamo un prezzo di 10 dollari per la versione kindle il nostro incasso lordo (senza contare le tasse) sarà di 7 dollari. I guadagni per la versione cartacea sono del 60% sul totale del prezzo meno i costi di stampa (variabili in base al numero di pagine, circa 2 dollari)

- Se fissiamo un prezzo di 15 dollari per la versione carta-cea il nostro incasso lordo (senza contare le tasse) sarà di 7 dollari poiché il 60% di 15 è 9 meno i 2 dollari del costo di stampa = 7.

FINE

Ideato, creato e scritto da LORENZO DE VITO

APPUNTI

www.ingramcontent.com/pod-product-compliance
Lightning Source LLC
Chambersburg PA
CBHW030538220526
45463CB00007B/2895